애인을 공짜로 버리는 법

손은주 시집

시와사람

손은주 시집
애인을 공짜로 버리는 법

1쇄 2022년 8월 30일
2쇄 2022년 11월 30일

지은이 | 손 은 주
펴낸이 | 강 경 호
인쇄·기획 | 도서출판 시와사람
등 록 | 1994년 6월 10일 제 05-01-0155호
주 소 | 광주시 동구 양림로119번길 21-1(학동)
전 화 | (062)224-5319
팩 스 | (062)225-5319
E-mail | jcapoet@hanmail.net

ISBN 978-89-5665-637-3 03810

값 12,000원

· 지은이와의 협의로 인지를 붙이지 않습니다.

공급처 ■ 한국출판협동조합
경기도 파주시 탄현면 오금로 30
주문전화 (02)716-5616, 070-7119-1740

ⓒ 손은주, 2022
이 책의 저작권은 저자에게 있습니다. 저작권에 의해 보호를 받는 저작물이므로
저자의 허락 없이 무단 전재와 복제를 금합니다.

애인을 공짜로 버리는 법

■ 시인의 말

은유는 너에게,
스며들 수 있어 좋겠다.

깊은 밤 선홍빛 쏟아내며
좌르르 흐르던 것들,
선명한 빛깔로 흩날리던 무늬들,

참 다정히 속삭이며
물꽃 피우던 너의 향기를
아직, 하얀 투명이라 쓰겠다.

2022 가을 손은주

애인을 공짜로 버리는 법/ 차례

■ 시인의 말

1 처음 문장은 너였다

약속 · 12
산토리니 씨 위스키 한 잔 할까요? · 14
먼지의 시간 · 16
홍역 · 17
애인을 공짜로 버리는 법 · 18
체위, 여섯시 이후의 · 20
쳇 · 22
타로 카페로 가요 · 24
페르소나 · 26
너의 창 · 28
교차로에 서 있는 어둠은 기억상실증 · 30
하얀 천국 · 31
풍경風磬 · 32

2 괜찮아, 파편처럼 아름다우리

비인칭 주어 · 34
붉은 크리스마스 섬 · 36
당신의 소행성이 지구 표면에 충돌했어요 · 38
거울아 거울아 이 세상에서 누가 제일 예쁘니 · 39
Agni에게 · 40
거짓말 놀이 · 42
손바닥선인장 · 44
악성코드 · 46
흑석동 크레이터 · 48
훔쳐보기 · 50
가장 아름다운 사과처럼 · 51
휴, 삐뚤어졌어 · 52
붉은 방 · 54
다트게임 · 56
디케에게 · 58

3 눈물은 어제처럼 맺히니까요

급하게 망고를 먹었나요 · 62

망고스틴 소녀가 사생아를 낳았어요 · 64

외눈박이 비늘 · 66

붉은가슴울새 · 68

신부 · 69

별의 별 · 70

공갈 젖꼭지 · 72

해를 태우며 · 74

물의 그림자를 지우며 간다 · 76

나를 찾아줘요 · 78

블랙홉 · 80

아르테미스의 지문 · 82

스토킹 · 84

흰 먼지 · 86

발이 말했다 · 88

블랙아웃 · 90

4 챕터는 여기서부터

가상현실 · 92
구름의 깔창 · 94
그린아이 · 96
난 가끔 설마를 기다린다 · 98
진실게임 · 100
너 사용 설명서 · 102
퍼포먼스 · 104
모스부호 · 106
손가락 게임 · 108
물의 답장 · 110
프리솔로 · 112
붉은점모시나비 · 114
새우깡에선 늙은 호박 냄새가 난다 · 116
라이카 모노크롬 · 118
까꾸리손 · 120
챕터는 여기서부터 · 122

|해설|
버려진 것들의 은유 /김동원 · 124

1

처음 문장은 너였다

약속

봄볕이 젖은 씨앗을 말려요

아가미가 없는 물의 숨으로
물갈퀴처럼 휘어진 손마디에 거꾸로 매달린 중력을 견디며,

빛의 파장 보고 있나요

당신에게 스며든 풀흰나비의 군무
뼛속까지 텅 비워야만 해요
언 땅 위 곁가지로 자란 꿈들 하얀 기지개로 돋아나요

보고 있나요
돛새치처럼 뻗어 오르는 새의 깃

나와 당신, 함께라서
눈물 속을 지나 날아갈 수 있는 우리

한 번의 턴이 중요하죠

캄캄한 밤은 돌아보지 마요, 이제는
뜨거운 불의 고집이 필요할 때예요

지금이에요
물비늘 털고 움츠린 날갯죽지를 펴요
햇살 푸른 숨으로 날아올라요

거기, 그림자 위
견딤의 꽃, 위로

우리, 오늘부터 살포시 피어나는 거예요

산토리니 씨 위스키 한 잔 할까요?

부겐빌레아 꽃 지는 날,
정열은 죽었어요 그리스 에게해의 작은 섬에 갇혔죠

산토리니 씨 위스키 한 잔 할까요?

나의 사랑은 어디로 갔을까요
당신의 장례식장에선 울지 마세요
쪽빛 노을은 파도에서부터 시작되는 걸음마

하얀 수평선이 찰랑거려요
다시 돌아올 거란 말, 거짓말
위스키잔에 살짝 기댄 바람이 말해주더군요

사랑은 사탕이라 불러도 괜찮아요
이응을 빼면 사라가 되겠죠?
그렇다니까요 내 이름이잖아요

상큼한 오렌지 터트리며 우리 만나기로 해요

산토리니 씨 이아마을 색의 향연 보이나요,

지중해 물결은 영원히 죽지 않아요
나지막이 속삭이는 춤선

그러니까
내 안에 이별을 가둔 건 명백한 유기
이제 흩뿌려진 그 섬을 돌려드릴게요

아름다운 해변 선술집에서 만나요
산토리니 씨는 오늘부터 나와 사랑에 빠질 걸요

먼지의 시간

당신의 뒤편은

매자나무의 나이테를 키워내고 있어요

겨울 선잠에서 깨어나 침묵으로 피어나는

우울을 삼켰나요

당신의 그 가녀린 입술이 파르르 떠는

새벽 2시 30분,

후 후 찬바람에 달라붙은 그 젖은 목소리

당신 눈동자에 흘러내릴 적막

아득한 시간

홍역
- 하지 못한 말

봄, 비에게로 가는 버스 무작정 탔어

쌍계사 풍경 소리 흩날렸지
악보의 다 카포 되살아나 쿵쾅쿵쾅 천둥의 그 떨림

시간의 반대편으로 날아가
너와 나 만개한 벚꽃 십 리 입맞춤
봉긋한 젖가슴 밀고 서 있는 바람을 삼켰어

가슴 한 켠 구멍 난 하늘을 열어
새빨간 거짓말로 얼룩진 그날의 아련한 일기
햇발의 앞쪽으로 날려 보내도 될까

투명한 와인 잔 속까지 폭우 쏟던 날
너의 곁에 묶여 매듭 풀지 못하고
다시, 아득한 이별 노래 준비하지

나는 또 돌아오지 않는 섬진강
그 흐르던 버스에 올랐어

애인을 공짜로 버리는 법

발렌티노 가방 속에서 웃고 있는 당신

명품처럼 숨겨놓았다가 파파라치 컷에 들켜버린 날,
장면들이 우루루 쏟아져요

에스프레소 콘파냐를 나눠마셨죠
파우더 슈가를 뿌린 달콤한 디저트에 타이트한 당신 한 방울 뿌려요

리알토 다리 위에서 속삭이던 물의 입술 기억하나요
베네치아 야경은 몽블랑 만년필에 담아 왔는데,

아슬아슬한 우리의 문장 끝나가요

기울어진 종탑에서 뛰어내리는 연습을 할까요
베네치아 날씨를 닮았군요 변덕쟁이 당신

어깨 너머 폭우가 어긋난 새벽 울음을 게워내요
앞일까요, 옆일까요, 반쯤 당신 그려놓고 스케치하다 잠들겠죠

내일은 불협화음 콘서트가 열린다죠 두 귀를 덮고 후렴구를 뱉어내겠죠

아무도 모르게 흩날리는 당신을, 책갈피로 덮을까요, 꽂아둘까요

체위, 여섯시 이후의

엎드려 원을 그려
넓게, 좀 더 넓게 그녀의 불감증은 탈출할 수 있어
빨강과 파랑 사이 가랑이를 벌려봐
땀방울이 터져 나올 때 야릇해

써클링 속으로 다리 끼우고 몸을 비틀어봐
놀란 촉각 봉오리 터트리며 직립보행하고 있어
허공을 밟으면 얼어붙은 발가락 날개가 돋아나지

보랏빛 폼롤러에 짜릿한 몸을 맡겨
정강이의 꼭짓점 골반으로 이어지는 카오스
들숨의 순간 찾아온 푸른 바다의 카타르시스
목을 뻗어봐 분홍이 깨어나고 있어

달빛의 무게에 집착하지 않기로 해
곡선의 체위 수천 개의 별 빼곡할 거야
헤엄치는 오른쪽 어깨를 잘라버려

꽃잎이 누런 주위를 왕복하고 있어
아마레토, 베일리스, 깔루아

오르가즘 칵테일 쉐이킹 젖어들 거야
어젯밤 曲, 필라테스처럼

쳇

무엇이 나왔다는 거지
타이탄을 맴돌던 그녀가 지구에 들어갔나 봐!

물의 이야기였지, 첫 울음소리에 조물주 한마디 하셨지

"쳇! 가시나구먼"

별똥별 언저리에 앉아 막걸리 마시던 아버지 한숨,
나뭇가지에 매달린 사과도 단숨에 떨어뜨렸다지

그때부터 넘어지기 시작했어 기울어져 있다는 사실,
중력의 값 지불하고 나서야 난 알았지

시뻘건 핏줄, 비비고 꼬고 거꾸로 봐도 별거 없다니까

유리벽을 깨뜨려 봐,
태양의 고도 높아질수록 낯선 모서리에 부딪혀 펄럭이는 바지들 매달렸어

쉼 없이 공전을 거듭해 봐, 골반이 틀어져도 나올 건 나온다니까

 살을 다 열어 비추다가 받아든 별을 날려 보내야 해
 작은 행성 제 목숨 올려놓을 때까지 삐걱거리는 바람을 막아야 해

 물속에서 보는 지구는 여자들의 자궁
 눈부신 태양 꿀꺽 삼킨 가이아 맨틀로 흔들릴 때 기울어진 23.5°

 저것 봐! 불의 이야기였지, 혜성의 꼬리 그 가시나 꿈틀거리고 있어

타로 카페로 가요

 들켜버렸어요
 은밀한 유혹 숨어들어 빨간 입술이 하얘지도록 이야기를 썼던,

 손금 선명한 당신 이름의 고리 자를 거예요

 2악장 안단테 칸타빌레 귀에 눌러 붙었어요 쏟아지는 기억을 뱉어낸 별의 점, 눈 밑 풍경이 점·점·점 입으로 스며들어요

 그렇게 우리 타로 카페로 가요 빗방울은 두 번째 구름의 웃음

 겨우 막차를 탈 수 있겠죠 비를 펼쳐놓은 바다, 그 섬의 푸른 멍 자국은 파도가 진열한 흔적

 물의 탭댄스가 시작되면 발 없는 그림자가 석양을 털어낼 거예요

 선홍빛 첫 생리 누가 훔쳐 갔을까요?

바람에 스며든 새빨간 눈물점 떨어질 것만 같아

이젠 정말 안녕.

페르소나

애인은 달의 뒷면이 좋다고 십 원짜리 동전을 뒤집고
나는 날마다 레깅스 앞쪽을 신경 쓰지

내가 얼룩무늬 날개를 편 날,
우린 얼룩말 색에 대해 이야기했어

그 무늬 위장 효과가 만점이었거든,
푸른 바지들 눈에 잘 띌 뿐이라며 씁쓸한 미소로 펄럭였어

화려할수록 꼬이지 않는 색의 비밀
흡혈귀가 있는 한 얼룩말 논쟁은 계속될 거야

푸른 초원에 레깅스 입고 바람처럼 나도 달릴 거야
꽃들은 여전히 아름다워

이쯤에서, 맛있는 색 끌어당길 때 마그네트 스위치 눌러줘

첫눈에 반한다는 것

썸과 연애쯤에서 재빨리 벗겨진 위조지폐 같은 것

디 카페인 라떼를 좋아하는 그,
브런치 세트 나눠 먹는 순간 가면은 따가워

요동치는 밤의 페르소나 짙어가는 당신의 얼룩
나이프에 올라탄 포크의 길들여지지 않은 무수한 고민

색은 비벼야 좋은 거야,
저기 달빛 CCTV에 스캔 된 놀라운 얼굴 좀 봐!

너의 창

언제부턴가 시작된 열병
뽀얀 얼굴에 똑똑한 귀를 가진 넌
지혜의 눈빛을 가졌다

그 마법 자그마한 창속에 갇혀버린 나

네가 없는 하루 생각조차 하기 싫어
비볐다가 쓰다듬었다가 품에 안는다

너의 눈을 들여다보면 바다가 보이고
귓가에 바짝 붙여 달콤한 이야기 들으면
미리내가 떠다닌다

닫으면 꺼져버리는 노을 수평선

세상은 온통 캄캄한 적막뿐
멈출 수 없는 지독한 사랑

농락이라도 하듯 이불 속
은밀한 곳까지 따라와 엿보는 너

이 아침 너의 창을 타닥 두드린다
잠긴 빗장 풀고 별처럼 맑은 눈 맞춘다

내 사랑 핑크빛 스마트폰

교차로에 서 있는 어둠은 기억상실증

손톱을 먹었을까요
물의 무늬는 알 거예요
부풀어 오르는 소녀를 만졌거든요

숨바꼭질을 끝낸 문장이 동심원을 그려요
숨긴 속살의 방향 살며시 돌려보아요
당신의 속도가 어제 그 소녀를 죽였군요

흔들리는 것들은 허공의 숨을 끝없이 두들긴다죠
새파란 입술을 깨물어요 삐뚤어진 거울 탓일까요

차가운 당신을 읽는 동안 푸른 살갗이 떨어져요
불안은 뾰족한 거라 져버린 목련의 뒷모습일걸요
숨 쉬는 것들은 파고드는 그림자의 속을 태우죠

교차로에 서 있는 어둠은 기억상실증
당신의 눈부신 어제를 내뱉는 중이군요
두 다리가 후들거려요
이제 나는 잠긴 꽃일까요

하얀 천국

사내에게 술이 넘쳐흐르면 그 집 홍수가 범람하지
술 취한 남자의 표적은 아내와 딸
하얀 천국으로 타버린 가슴 숨어들면
하나님, 목사님은 보이질 않네
검은 숲속으로 까마득한 별 쏟아지면
딸의 한숨 새벽이슬 되어 축축한 비닐하우스 물들고
얼룩진 술 한 병, 술 두 병, 술 세 병 쌓여가지

그 사내가 마신 건, 병病이었어
늙어가네 핏덩이 적 떠나버린 엄마의 그리움
뿌리 깊이 내린 병든 그 사내, 낡아가네
출가出嫁한 딸에게 수화기 너머로 흐느낀 눈물
꽃망울로 맺었다 능소화로 피어나지

속죄의 겨울 눈 펑펑 날릴 때 딸의 눈물도 펑펑펑
내렸네 폭설 위에서 바라본 초롱초롱한 별빛 이야기
꽃의 뿌리가 단단해졌기에,
그 병들 인정하기로 했지

풍경風磬

동백꽃이 흔들려

춤을 춘 건지

흔들린 내가
붉은 당신 안은 것인지

2

괜찮아, 파편처럼 아름다우리

비인칭 주어

도마 위 토막 난 쿠마토가 썩어간다
붉게 생긴 건 벗길수록 피로 물들어

스물아홉 덜 여문 너에게 스민다

셔터가 눌러지고 폴리스라인이 쳐지면
노란 선 밖으로 나가지 못하는 영혼

비밀이 많을수록 슬픔의 씨앗은 수습되지 않아
이름의 모서리를 깎아 먹는다

여섯 평 남짓한 원룸 위태롭게 걸려있는 몇 개의 액자
유서가 된 별이 종이에 반짝인다

밤마다 너는, 150개의 이력서를 들고 안드로메다까지
뛰었다 목 찔린 하루를 끼워 맞추려는 것뿐,

둥글게 말아 주고 싶다 원안에 보이는 너,

흔적 없이 죽음을 말리면 먼지의 무게가 될까

살점을 도려내고 반으로 쪼개져 난도질당하고 있다
흐물흐물한 씨앗을 뱉어본다

조간신문 끝 페이지에 깨알같이 적힌 사건 하나
스물아홉의 붉은 고독사

붉은 크리스마스 섬

새끼손가락에 끼워진 파란 눈물이
북극 해류를 타고 날카롭게 변했나요

늑막 주머니에 포개진 입술 빨간 립스틱을 발라요
산란을 위해 죽음을 넘은 홍게들 바다로 오는 시간이죠

크리스마스 섬 링거를 달고 붉은 크리스마스트리를 만들어요
일억 이천 마리의 홍게, 종족을 이어가려는 생의 마지막 몸부림

떨어져 간 오른쪽 팔 또 하나의 섬이 되는 거죠
붉은 생채기 혹 돋아나는 날 아가미로 호흡을 해요

붉은 산호섬이 떠오르면 가파른 숨이 차올라요
육지는 바다에 휩쓸려 절벽 귀에 붙어버리죠

배를 문질러요 진통이 시작되면 섬은 다리를 모으죠
온 힘을 다해 말랑말랑 모래 속 알을 낳는 어미 홍게
새끼들 깨어날 때쯤, 먼 바다 그 너머 싱크홀에 갇혀

버리겠죠
 붉은 크리스마스 섬 자궁이 얇아지면 뭇별도 탈출을 시도해요

당신의 소행성이 지구 표면에 충돌했어요

여자의 비누 향을 정확히 맞추던 퇴역 장교 프랭크,
앞을 보지 못하는 이 남자 바람에 잠깐 흔들리죠

당신의 소행성이 지구 표면에 충돌했어요

궤도를 몇 바퀴 돌고 나서야 시작된 혼란의 춤사위
어둠 속 향기가 깨어나죠

꽃의 혈관으로 파고들었을까요
사랑했던 시간만큼 집으로 돌아오지 못한 사람들

아슬아슬한 이야기가 되었군요
당신의 각막이 어둠을 꽃 피울 때 나는 태어납니다

탱고를 추며 휘청거리는 우리의 삶은 꼭두각시
스텝이 꼬이면 꼬이는 대로 피어나면 됩니다

어둠이 시들었다면 사랑은 플라스틱 꽃입니까

너무 빨리 소멸된 당신의 향기
그 초록의 지구별, 또 한 번 우리 춤을 춰요

거울아 거울아 이 세상에서 누가 제일 예쁘니

안과 밖이 같다고 말해버린 건 실수야

같아 보인다는 거 그게 바로 너의 매력이지

90°보다는 크고 180°보다 작은 둔각으로 살고 싶어

빗나간 도형은 일곱 난쟁이의 곡괭이야

각도를 재어 보자 등에 콕콕 박힌 피지는

클렌징으로 말끔히 지워 새까만 머리

하얀 얼굴로 피어난 백설 살짝 입꼬리 올려 봐

마녀의 달콤한 사과 뻔한 이야기는 사양할게

어디서부터 중심을 잡아야 하는지 헷갈리지

좌우 비대칭 콤플렉스 그게 포인트야

문이 열리면 주문을 걸어 거울 속

양치기 소년 불러 줄래 마지막 남은 거짓말

거울아 거울아, 이 세상에서 제일 예쁜 사람은 나지!

Agni에게

아이 아빠를 지우고 엄마를 지웠어요

연두 잎사귀에 낀 실안개에서 자꾸만 미끄러지는 아이,
불안이 좁아진 근육을 타고 와르르 쏟아져요
Agni의 심술이 아침을 돌아 나와 바니안나무 아래 머물다 가죠

아그니의 긴 머리카락에 그을린 가족사진 이름을 잃어가요
태양의 꽃 루드베키아가 활활 타올라요
심장이 터질 것만 같아요
혓바닥에 묻은 불씨가 단단한 병을 키웠거든요

남은 아이들은 성냥 한 개비가 풀어놓은 꽃들의 색이에요

불꽃놀이는 온몸으로 파고들어 그때 그 아이의 시간으로만 살아요
화염에 휩싸인 아빠의 뼈를, 엄마의 뼈를 오래도록 토해내고 있어요

한 잎 두 잎 시간의 이파리 엉켜 성냥도 라이터도 만질 수 없는
으름 덩굴손에 갇혀 실바람에도 경기驚氣를 해대는,

혼이 빠져나간 아이 오른쪽 무릎에 짓무른 울음이 바스러지고 있네요
이제 장난은 끝났어, 아그니!

거짓말 놀이

있었죠,
엄마의 분홍 바다 깊숙이 숨었던 아이
비의 방정식을 풀다 낯선 창틀에 갇혔어요

여긴 어떤 길목쯤이라 써야 할까요 노랑에서 초록까지 탈출구가 보이질 않아요 피를 꼬아 만든 길게 늘어진 거미줄 팔뚝에 달렸어요

당신은 이제 붉은 숨으로 살아야 해요 푸른 샘을 쳐다봐요, 우리

하나 둘 셋, 스캔되고 있나요

밀봉된 울음이 빠져 나오죠 찔린 혈관이 들키고 싶지 않은 목을 내밀어요
12번째 갈비뼈가 절벽을 기어올라요

왼쪽 가슴을 타고 쿡쿡 찌르는 전자파, 악성코드에 감염된 장기를 섭취하네요 얼었던 나비 날개 파닥인다는 꽃의 말은 거짓말

흐느끼는 쇄골 만져본 적 있나요 쌉싸름한 약이 혈관 타고 놀아요 출렁이는 젖가슴이 토해 내는 비린 시간

　바람은 rainy, 비는 windy, 거짓말 놀이에 빠져들어요 갇힌 이름이 포맷되면

　엄마의 젖무덤에서 다시 옹알이를 시작해요

　고비 사막의 모래 기둥 타오를 때 고장 난 웃음은 뼈의 앞면으로 비춰질 거예요

손바닥선인장

오목렌즈 속 웅크린 어둠이 웃었다

갉아먹을수록 틈에서 자라나는 습기

더 이상 바람의 냄새를 맡을 수 없는 그림자가 누워있고

섞은 줄기에서 나온 아이는 지느러미를 닮아 비린 맛이 났다

초록 잠을 지나는 것들은 짓무른 혀에서 뾰족한 이야기가 된다

엄마는 그게 삶이라고 꿈을 털어버린다

토막 난 말은 가시처럼 살아나 그들을 따갑게 한다

아빠의 주검에서 주저흔이, 아이의 손에선 방어의 흔석이,

주저흔도 방어흔도 없는 엄마의 몸엔

슬픔의 종자가 번식하고 있다

흔적은 마지막 문장의 쉼표 같은 것

바닥에 달라붙은 눈동자가 씨방을 불태우면

햇볕을 싫어한 소문이 매달린다

벽 속 문에 안치된 죽음은 허기진 마침표

천천히 훑고 간 렌즈 속에서 빠르게 자라는 광선

무덤은 세 개의 모서리, 바다는 은유의 잠이 된다

악성코드

면과 면이 만나 모서리를 키웠대요
엄마는 막 자란 모서리에도 바다가 베인다고 했죠

맞았던 거죠
코에 빨대가 박힌 바다거북을 만났으니까요

선명한 핏자국이 흩어지고 있었죠
지구의 골수 빨아 먹겠다던 악성코드, 작심을 했나봐요
구멍 난 악플 허공에 줄을 긋고 피지처럼 콕콕 박혀요

매일 가는 카페에서도 빨대를 꽂아요
지키지 못한다면 뼈에 사무칠 거예요

무심코 버려진 쓰레기들, 말문이 막히죠
미세 플라스틱의 춤 배꼽에서 요동쳐요
딱딱해진 머리카락은 이빨에 박혔어요

거북이 코에 박힌 기다란 이기심
플라스틱 빨대에 옷을 입혔죠

당신 콧구멍에도 꽂을까요
동글동글한 그 아이 눈동자에 먹이사슬 보여요

널브러진 바다 뒷면에 울고 있는 검붉은 해
잉걸불이 될 수 있을까요

흑석동 크레이터

 그의 눈동자에 빠진 슬픔 건져내면 달의 그림자 빠른 속도로 밀려온다
 구레나룻 속 텁텁한 몇 소절 지나 광대뼈에 붙은 차가운 이끼

 살아남아야 한다고
 덧니 같은 다짐을 한다

 찌푸린 미간 위로 지나가는 불그레한 백열등 X선
 거꾸로 던져진 크레이터의 공식은 자꾸만 바닥으로 쏟아져

 사고, 팔고, 헐고, 세우는 표지판 아래 공허하게 흐르는 문장들
 닳아버린 지문 미세한 굴곡 무뎌진 시간
 깊게 파인 절망뿐,

 착지를 하지 못한 허벅지 사타구니로 내려간 한숨
 겨드랑이 안쪽 좁쌀 같은 멍울, 발밑 잔상이 흔들려
 출혈을 지혈이라 읽어 내려가는 순간,

그래피티의 경계에서 미끄러지고 마는 파란 천막의 농성

　허허벌판 버려진 영세민의 등딱지는 자꾸만 두꺼워지고

　흑석동 재개발 플래카드 거센 바람에 펄럭이면
새끼발가락에 붙은 그 남자의 눈부신 유영 힘없는 구토를 한다

훔쳐보기

 웅크렸다 폈다 벽을 타는 소리의 온도는 0℃, 밤의 이야기가 태엽스프링처럼 돌아가면 당신과 벽 사이 알몸의 하이힐 헐떡거린다. 그녀의 등에서 튕겨 나온 팔과 다리가 잘린 채 날아가는 집세. 애써 삼각형은 엇각을 읽는 중이다. 목의 세계가 대문 없는 집을 짓고 있다. 발 달린 물고기 직립보행을 하다 아가미 내밀면 바닥은 꿈 없는 그녀의 횡단보도가 된다. 고층아파트 밑 절뚝거리며 늙어가는 하루살이 떼. 달동네 빈터에 뾰족한 이야기. 12센티 하이힐이 그녀의 새벽을 밟으면 조화 꽃이 흔들려 거짓말처럼 향기를 만든다. 별똥별 하나 손목의 경계에서 주름 긋다가 벗어나려 할 뿐이다.

가장 아름다운 사과처럼

비너스가 낳은 큐피드의 가슴은

25℃에서 아삭거리죠

0℃에 이르면 딱딱해져 버리는 습성이 있어요

흰 꽃은 불안의 씨방이 자라는 곳

둥근 달처럼 세 여자 공중에 매달려 있죠

어쩜, 남자를 다 먹어치우겠어요

군데군데 박힌 검은 속내 내뱉지는 마세요

착각의 끝에 뒤엉킨 그 불쌍한 것들

바람이 파묻은 부리에서 트로이가 흘러나와요

사과가 될 수 없다면 먼빛으로 돌아앉아요

흔들리는 자궁달 푸른 숨 몰아쉴 때

동심원을 그리며 알몸의 나무 활을 쏘아요

아하, 당신은 가장 아름다운 사과처럼 웃네요

휴, 삐뚤어졌어
- 누운 고분을 읽다

모시나비 날개에 붉은 점으로 찍혔어

마당귀 그늘에 누운 엄마의 눈물 자국
울음이 낳은 붉은점모시나비 무덤 속 들어가면,

한숨 짓지 마
가두假頭가 숨긴 가야의 햇살 그림자가 웃고 있어

구름의 귀가 흔들려 계집, 계집, 계집 잘그랑 울려 퍼지면
엄마의 누명 쓴 혀도 정신 바짝 차려야 해

쩔뚝거린 달빛 고분 벽 타고 스며들면
연꽃 치맛자락으로 붉은 젖무덤이 쏟아질 거야

먼지에 안길수록, 수술에 엉킬수록, 별 사이 꼬리지느러미 나부껴

나비야, 나비야, 날지 못하고 두 면은 오한의 몸살 앓

는구나

 우화의 등 찢은 계집, 붉은점모시나비의 춤으로 살아
났어
 삐뚤어진 입술 깨문 초랭이탈아,

 바람의 걸쭉한 숨결로 얼굴 씻고 갈까

 달이 새벽을 업는 순간, 늙은 무덤 날개를 폈어
 휴!

붉은 방

나의 방을 두드리지 말아 줘
물결의 움직임을 먼저 배운 거야

휘파람을 불어 봐 붉은 미로가 나올 거야
바깥을 에워싸고 있는 침묵, 어쩌면 선명한 궤적이 될 거야

버틸수록 얇아지는 살갗, 중심이 흔들릴 때 날갯죽지는 숨죽였어

신기루에서 자라고 있을 그 아이 파란 눈동자 파라다이스이길

물결무늬를 그려 봐
먹이사슬이 되어서 돌아올 거야
푸른 물 끝을 향해 꼬리가 기울어지고 있어

아직 날개 안쪽을 비추는 무언가가 남아 있다면
파닥거려도 지치지 않는 그곳 때문이지

색의 경계선이 닿는 곳까지
아인슈타인의 빛을 타고 산란하는 물고기처럼 헤엄칠까 해

그러니까,
아멜리에의 붉은 방이 여전히 기다리고 있는…,

다트게임

짧은 문장으로 날렸어요
뾰족한 그대의 이름 풀어지는 순간
마법의 그네 위 죽음이 달랑거리죠

과녁 향해 날아가는 귀면을 쓴 병사 목에 꽃이 피어요
도시의 잡음을 긁어내며 써 내려가는 모서리의 함정
술통은 홀로 남겨진 얼룩일 뿐이에요
찌르고 찔리는 치밀한 두뇌 싸움,

삼백 년 줄 타고도 끝나지 않은 지긋지긋한 생존게임
집요한 추격도 머리 없는 몸통이기는 마찬가지죠
막히고 더듬거리다가 찍힌 손의 흔적으로 떠나고 있어요

던져진다는 것 국적 없는 게임이죠
여호수아의 지팡이 가나안 땅으로 들어가면 될까요
진혼곡의 나팔 소리 들은 적 있나요

천둥의 초점 하늘을 찌르죠
심장에서 피어나려던 씨앗을 짓뭉개 버렸어요
신의 궤도 어디쯤 맴돌다 원으로 돌아앉은 나는

몇 번을 중심에 맞았을까요
어둠 속 당신의 점수가 흔들려요
찍힐수록 높은 점수의 칸은 버리고 가세요

디케에게

눌러졌어
화면 속 피사체가 보이면 뛰어

에리스의 심술로 펄럭이는 폭설
낯선 필름으로 풀어지기 마련이야

삐딱하게 기울어진 반쪽 유리천장
덜컹거리는 객차 너라도 들이받아야지

벽을 뚫고 나와야 해, 거리는 과열되었나 봐
삐걱거리는 전선 통과하는 붉은 피여!
부서지는 빛은 살아있어

간극의 때가 온다
삐뚤어진 깃 다잡아 일어서야 해
부어오른 어둠 움켜쥐고 도시의 뿔로 돋아나야지

너를 믿어, 너의 시퍼런 왼쪽 칼을 믿어
속도를 잃어 휘청대어도 희열은 너의 것

날카로운 손톱 움찔대는 입술 잠재우고
처녀자리로 돌아가야 하는 정의의 저울
크레바스 균형에 맡겨야만 해

언제나 흉터는 검은 점으로 울혈된
꽃봉오리 핀 여자들의 신화였어

3

눈물은 어제처럼 맺히니까요

급하게 망고를 먹었나요

Da Capo al Fine
숨 가쁜 되돌이표 출렁이는 음의 높이

재스민 향기 가득한 바다 잎사귀 돋아나요
꽃자루의 아픔이 묻어나는 시간

물의 악보를 펼쳐요 손끝에 피어난 섬
얇은 유전자 띠를 맞추면 얼룩무늬 지느러미 퇴화 할까요

망고나무 속 쌍꺼풀 없는 눈동자가 숨어 있어요
바람의 수액이 나무를 오르면 코피노 아이가 자라나요

열두 색 크레용으로 그려놓은
알로야의 슬픈 전설 보홀섬 초콜릿 힐 이야기는 열매가 되죠

바다를 건너간 아빠는 치노팬츠를 입고
망고나무에 파고드는 엄마를, 알로야를 버려두었어요

애써 물의 수압 끌어 올리지 말아요
두 손 적신 즙액에서 비밀스런 당신 지문 살아나요

노란 즙 당신에게로 스며들면
Da Capo al Fine, Da Capo al Fine
돌아올 거란 거짓말을 반복해요

코피노 아이들 언덕을 오르고 있어요
바람을 움켜쥔 실루엣 옆 떨어진 망고 씨

급하게 먹지 마세요
망고는 저절로 익어가죠

망고스틴 소녀가 사생아를 낳았어요

돌아올 거란 거짓말 망고스틴 나무속으로 파고들어요

꽃받침 조각의 숨바꼭질 그 아이 탯줄을 휘감으면
부풀어 오르는 자궁, 물의 살갗도 돌아누워요

그때쯤이었던 것 같아요 필리핀 남부
소녀가 검은 눈동자 사생아를 낳았다고,

두껍고 단단한 씨를 삼켰나요 소화불량 소문이 커져 가요
하얀 거짓말 안고 뒤척이는 그녀의 낮잠

약속은 일기예보의 빨간 눈동자를 닮았어요
재스민 향기 가득한 눈물 축축한 별이라 부르기로 해요

거울을 쳐다봐요 길 잃은 발가락 볼품없는 지문을 닦아 주죠
열아홉 소녀의 사생아

햇빛 먹으며 그래도 자랄 거예요

두 다리가 후들거려요 엉켜버린 머리카락 시간을 기어올라요
부풀다 가라앉은 코피노의 이파리

잠긴 꽃의 이야기를 망고스틴이라 불러요

아직도 생부는 신호대기 중, 그 코피노 파더를 아시나요

외눈박이 비늘

얼룩으로 번진 밤의 수의를 펼쳐봐
저녁볕이 역한 냄새를 버티고 있는 시간

회색 수염에 달라붙은 비늘
헐거워진 족보를 끌고 올 거야

축축한 물고기들 잠에서 깨어나
도마 위 흉터가 되고 있어
비린 냄새 튀어 올라 지느러미를 숨겨야 했어

엄마의 파스 냄새가 목선 타고
물위를 건널 때 손가락 마디가 아파왔어

혀끝에 맴도는 외눈박이 비늘 뱉어내면
바깥의 비린 문장들 별의 내장을 먹어 치우지

몸속에서 수만 년 구른 당신이 떠났다는 말
핏빛 칼자국으로 번졌지

달이 웃으면 새로운 이야기가 피어날 거란 소문

낙태한 겨울이 새벽 세 시 바다의 허리 비틀 때
억척같은 자궁들 또 다리를 건너고 있어

붉은가슴울새

 어떤 것들이 있을까
 티브이와 침묵 사이 붉은 방의 넥타이 문틈에 낀 꼬리 삼키며 우는 붉은 립스틱
 굽은 뼈 사이에 숨은 밤의 체위 색색의 날개가 태엽처럼 돌아가면,

 센트럴 시티에서 떨어져 죽은 그녀의 가슴이 선을 긋는다
 빛의 줄기로 말라가는 붉은가슴울새의 몸짓, 아지랑이처럼 그녀를 따라가면 새벽 취객이 되어 밀어낸 어제의 구토가 있고, 살짝 고개를 든 led 전광판 불빛이 비치고, 종점 근처 콩나물 국밥집 쓸쓸한 리듬을 탄다 창틀에 낀 행인들, 딸꾹, 딸꾹, 딸꾹

 헛꿈을 건넌 새벽달 뿌옇게 사라져 붉은 당신도 사라져
 탯줄 엉킨 여자의 살 속으로 부풀어 간다
 창자를 훑어내고 서 있는 고층아파트와 경건한 숲 사이,
 붉은가슴울새 이야기 매일 밤 뉴스가 되어 떠다니는 쓸쓸한 경계

신부

이제야 한 번 마음껏 뽐내 보네
눈 뜨니 최신상 옷 입고 전자관이었어

작고 오동통한 내가 마음에 들었는지 덥수룩한 노총각
통통한 뱃살 만지작만지작, 첫눈에 콕 찍혔네

신상녀 자존심 구기며 덜컹거리는 트럭에 실려 시작된 기약 없는 단칸방 시집살이 아침이면 허둥지둥 밤되면 불콰해 들어오는 몹쓸 신랑 술에 저린 날, 구겨진 가슴 통째로 들이대고 바짓가랑이 달라붙은 얼룩 찌든 근심 양말까지 벗어 던지네

나풀나풀 하얀 나비 신부가 되고 싶었지

흰 구름 한 줌 쏟아붓고 나를 돌리면 뭉글뭉글 피어올라 속절없이 부풀고 오른쪽으로 우~웅 왼쪽으로 웅~웅

소리 내어 한바탕 울고 나면, 눈부신 건조대 위 신발 끈처럼 널린 서러운 하루

별의 별

따끈한 혓바닥에서 나오자 철퍼덕,

차가운 자판기에 줄 세워진 조판 부호들
A형, B형, O형, AB형, 별의 별 색들이 다 모였다

떨어진 살갗 수혈을 위해 연중무휴 대기 중
나온 것들은 졸린 눈 비비며 수직의 꿈꾸는 집

바람결 따라 문 열리면 떠도는 숨들 헐떡이는 곳
지친 별의 눈동자 문에 끼어 넘어진 25시

그 어디쯤, 늙은 거미의 집 바람이 밀고 있다

구석진 오래된 네가 브라우니초콜릿처럼 날아오를 차례

가벼워지는 하품 몽유병 귀지들 빛바랜 모퉁이에서
보초를 선다

비스듬히 기어 다니는 바퀴벌레처럼 선택받지 못한
그대와 나의 진열장

충혈 된 형광으로 갇혀 사는 별의 별 우듬지,

25시 편의점

공갈 젖꼭지

기억해봐 잊은 건 아니겠지

촉촉한 첫눈 속으로 숨어버린 푸른 문장을 비추어 줄래

뜯기고 씹혀도 오그라들고 있을 뿐, 가짜라 불려도 좋았어

이빨을 드러낸 순간에도 침 삼키며 모퉁이를 지켰지

깨물린 상처쯤이야 얼굴이 사라져가도 감당할 수 있는 아픔

너의 달콤한 입맞춤 볼은 뜨겁고 숨이 차올랐지

칸칸마다 쉽게 버려진다는 거, 믿기 힘들더라

꽃과 흰 눈 사이, 접히고서야 연둣빛 살점 하나둘 뜯겨져

아무도 쳐다보지 않는 그림자인 걸 알았지

정말 환각처럼 구석에 엎드려 밤새 젖은 노래 불렀어

눈물 꽁꽁 싸매 꿈속에서만이라도 재회하고 싶었지

가짜라 불려도 꼭 살아남겠다고 다짐했는데,

돌아보니 재빨리 벗겨지는 벚꽃 한 잎, 두 잎, 세 잎

시詩이라는 그거, 공갈 젖꼭지

해를 태우며

눈을 버려야 눈을 얻는다 하였다

남겨진 것들의 어깨 너머의 파편
입술을 깨물고 견뎌야 닿을 수 있는 별

쓸쓸한 동전의 뒷면
참 어리석게도 그 공식 풀어야 한다고

그는 안드로메다까지 뛰었다

서쪽 바다를 건너 지친 눈꺼풀 깜박이며 혹독한 잠에 빠져들 때도
일어나야 한다고 수없이 되뇌었지만,
밤의 깊은 엔딩 속으로 빨려들었다

해의 노래가 목덜미를 훑고 중얼거릴 때
실타래를 풀듯 엉킨 유서를 몇 번이고 읽었다

시나이의 웅크린 모래는 지구의 꼬리로 자꾸 스며드는데

소멸은 그렇게 풀리지 않는 것, 따갑게 증발 되는 것

하늘과 바다가 맞닿은 저 수평선의 마지막 적요,
살의 바깥에서 떨어지기 싫은 부스러기 눈물을 흘린다

사막여우의 곡소리 사방으로 흩어져 고분에서 피어나는 백련,
죽음은 눈부시도록 오래 묵은 눈동자의 슬픔

아이를 등에 업고 불혹의 당신을 이글거리는 가슴에 묻었다

해를 태우며

안녕

물의 그림자를 지우며 간다

커다란 가시가 목구멍에 걸려 밤새 피가 흘러나왔다

그녀의 요리를 맛본 당신은
안타까운 표정으로 빙하를 짓고
짜고 가벼운 맛은 붉게 난도질당했다

집중호우, 창문을 닫아도 온몸 냉기가 스며들었다
어젯밤 얼어 죽은 사람은 어디로 갈까
가라앉고 있는 빙하의 목덜미를 안아 본다

네루다의 유토피아를 만졌다
달빛이 흐르고 있나요, 당신의 겨울은
차가운 손으로 또 빙벽을 오르겠죠

침묵은 문장을 덮는 허기진 어둠
그녀는 아무 일 없다는 듯 다시 요리를 한다
떨어진 꽃잎 재료가 되고 뱉어낸 흰말 간이 되었다
거센 폭우는 디저트 되어 다시 녹을지도 모를 일,

여자의 목에서 별똥별은 조금씩 자라고
새벽 제설차가 시詩를 치우고 가면
아스팔트 위 당신은 물의 그림자를 지우며 간다

나를 찾아줘요

 네온사인 아래 나란히 누워 별빛 스민 창밖 보며 꿈꾸듯 살았어요

 멀쑥한 그 남자 설렘으로 찾아온 날 들키고 싶지 않은 심장
 야금야금 잘도 파먹었죠, 미련 없이

 복잡한 표정의 네거리로 내팽개쳐버렸어요

 떠밀려온 퍼즐 속에서 너덜너덜한 슬픔으로 뒹굴었죠
 솟구쳐 오르는 편두통에 몸서리쳤지만,

 텅 빈 마음 뒤집어쓰면 우울은 울어요

 있었죠, 탱탱한 시절 있었죠, 다정하게 포개어 입맞춤하던 시절
 애써 모퉁이 바깥에 옮겨 놓아요 온몸 가득 번지는 침묵

 무참히 밟고 가버리면 햇살도 접혀버린대요

나를 찾아줘요,
 언 발이 꿈틀거려요 돌아눕는 밤 고장 난 뼈 눈썹을
그려요

길의 뒤편에서 야윈 몸 일으켜 세워줘요

그때였어요,

쫓아오던 꼬마 녀석의 쨍그랑 깨어지는 말소리

"엄마! 깡통 팍 찌그러트릴까?"

블랙호흡

 내버려 둬 사방으로 흩어진 헤스티아의 불꽃
 더 썸 모텔 403호 숨어버린 세 개의 날개
 시스루 속으로 비치는 욕구의 깃,

 뜨거운 입맞춤 연인의 비린 침으로 활활 타올랐지 야릇한 뱀 무대 안으로 들어가면 먼지처럼 사라지는 마지막 연두 잎의 무게

 조각달은 원 밖에 숨어 발가벗은 피부 핥고 있어 주문을 걸어 봐! 얼굴이 사라지고 낯선 배경이 바다 위에 떠다닐 거야

 - 정신차려, 정신, 차려, 하얗게 뒤집힌 눈을 떠!

 실오라기 하나 걸치지 않은 혹등고래가 물었지 죽음을 거슬러 오를 때 가벼워지는 평등 보았니?

 최선인 것처럼 누운 귀를 닫아 침대 바닥 속으로 던져버려
 출구는 입구를 버릴 때 나타나지 더 이상 들어갈 문도

없어 슬픔으로 얼룩져가는 이인칭 퍼포먼스

블랙호흡, 그 혼돈의 춤사위 속으로 빠져들자 연극은 끝났어!

고요한 스물일곱의 맨홀 뚜껑 케이블 밖으로 날아가는 시간
서로를 끌어안은 채, 블랙아웃

아르테미스의 지문
- 별이 된 선아

  소멸은 그렇게 눈부신 것

  입술을 깨물었지만 달빛에 스며들겠다

  그래도 살아야 하는지, 살아가야 하는지

  조각난 거울이 윤기 없는 콧등을 비추면

  그녀의 말랑말랑한 아이들 미소가 빛의 파장으로 반짝거렸다

  달의 무게가 자꾸만 가벼워지는 시간

  어둠은 살갗에 스며든 벌레처럼 따가왔다

  쏟아지는 불안으로 불면이 허공에 매달릴 때,

  발버둥치는 그녀의 약봉지가 비쩍 마른 뼈를 지탱한다

뚜벅뚜벅 슬픔이 걸어와 아픔과 눈물이 거짓말처럼 뒤섞였다

햇볕은 비의 등 뒤에서 어쩔 줄 모르고,

그녀가 먼지처럼 떠났다

스토킹

 엉덩이 흔들며 아침 맞이하는 나를 관상용 구피라 불러요

 캄캄한 그림자가 둥근 집 닿을 때까지
 동심원을 그리며 몇 천 번 돌아야만 할까요

 이미 오래된 나를 리셋하려고요
 붉은 유리잔 속에 갇힌 버튼 하나 꾹 눌러주세요
 19층 아파트 밖으로 떨어지는 상상을 해요

 세 들어 사는 나에게 조약돌 가져와 기댈 곳 안겨주었지만
 사르르 파도 소리 날리는 울타리에서의 공허함

 물의 바퀴 속으로 빠져든 당신의 눈

 추의 무게가 출렁이며 돌의 심장을 때려요
 수평선 숨어있는 산호를 떼어요

 푸른 치맛자락에 달라붙은 거짓 웃음

나사처럼 조여 오는 하루의 꼬리를 삼키고
넓은 창공으로 하얀 조개껍데기 방으로 숨어요

가는 길 몰라요, 당신 없는 집

어둠이 커지면 오래된 나의 이름은 병들어가요

낯익은 발자국 소리 "구피야~"

  나는 날마다 당신에게 스토킹 되고 복종의 꼬리 흔들어요

흰 먼지
- 원이 엄마의 노래

  서쪽 햇살 한 줌 데려간 곳에서 나프탈렌 냄새가 나요

  어둠 속에 삭아 내린,
수천만 개의 세포가 별빛에 반짝이죠
무덤 속에 누운 당신을 한 올 한 올 뽑아냅니다

  원이 아버지,
여전히 흙을 물고 사랑을 새기고 있겠지요

  가슴 위 검은 먹그늘나비 한 마리 피어나 손을 얹자
사람들은 미투리라 부릅니다

  당신과 나의 공간을 뛰어넘은 침묵은 왜 자꾸 분홍을 뿌릴까요

  집으로 돌아오는 법 기억하지 못하나요
웅크려 울다 잠든 원이는 오백년이 흘렀답니다

  나를 만지던 그 손으로 눈물 닦아 주어요

병든 각막으로 당신을 꼭 안아봅니다

희뿌연 지문에 달라붙어 문장으로 돋아나는 꽃의 시간
다 빠져 버린 머리카락은 흰 먼지가 됩니다

갈라진 손톱이 바람의 갈피 위에, 당신을 기억하는 날
수의壽衣는 낡은 어둠에 말라붙은 뼈들이겠지요

발이 말했다

등 뒤에 붙여진 번호표는 잊어버려요
아라비아 상인이 퍼뜨린 장삿속에 불과하죠

땅을 딛고 일어선 순간 시작되는 레이스
덜컹거리는 열차를 기다리지 마세요
끝을 찾아 발가락의 불꽃으로 달려야 해요

게임이 시작되면 차오르는 숨을 꿀꺽 삼켜요
아랫입술은 살짝만 들어올리세요
별늑대거미가 되어 오르막길 걷고 있나요

울퉁불퉁한 발바닥으로 스며든 굳은살
매끈한 도장이 되죠
왼발은 그런 것이라 배웠죠

가파른 코너를 돌다 헛디딘 오른발
나비의 호기심이 달라붙었어요

붉은 접시들에게 플라멩코 춤을 배워요

태양의 입술은 권하지 마세요
푸른 나침반 바다와 청정무구의 하늘 껴안고 달려야 해요

블랙아웃

하얀 그녀가 토해내는 바깥의 질문, 그 남자의 옷을 헐겁게 해요

검은 건반 속에 숨은 실루엣, 무대 위 흩어진 봄을 태우죠

매직 왈츠가 시작되면 사분음표 어깨가 흘러내려요

밟아본 적 없는 땅 그녀 너머에 있어요 물 밑으로 추락하는 닻

그 남자의 키스가 몸부림을 쳐요

실오라기 하나 걸치지 않은 바다의 곡선

파란 손톱 누운 귀를 닫아요

세상은 계단 끝에서 밀려오는 살갗의 통증

눈물이 마르기 전 돌아가요

붉은 실루엣 서로를 끌어안으면 블랙아웃,

4

챕터는 여기서부터

가상현실

물의 벽을 슬쩍 밀어 봐

트리플 샷 속으로 숨었던 불면
별다방 콧대 높은 카페라떼 벤티 사이즈가 나타날 거야
그녀들의 감탄사 끝날 때까지,

오호, 미친 매력

하루의 민낯 옴팡지게 털어버릴 거야
주근깨 공주들 시간을 달리면 Y 염색체가 사라지고 있어

들었을까,
등을 밀던 여우들의 보톡스와 필러 사이

시공 초월 브이알존*이 존재하지
오감 자극하는 가상현실

오호, 미친 매력

쌓아 둔 것을 열어 봐 잃어버린 콧대가 나올 거야

빗자루처럼 뻣뻣한 동심
블랙홀 속으로 숨어들 거야

소행성 B612로 탐사를 떠날 거야

주름진 전두엽 펼쳐봐 째깍째깍 중추신경 자극하지
일 밀리그램의 틈으로 보이는 눈부신 별뉘

쉿! 비밀이야 주문을 외워
거꾸로 뒤집힌 타로카드의 운세

미궁 속으로 빠져든 돌연변이가 웃고 있어

*가상을 현실처럼 체험하는 게임

구름의 깔창

별의 등급은 좌심실 비대증으로 봐야겠지
시곗바늘에 쫓기는 뜨거운 목젖 흔들리고 있어

구름의 사타구니에 묻은 비의 얼룩
매니큐어 손톱 속에 남은 꽃잎의 온도가 되지

묽어진 오월 창가에 피어오른 푸른 신발 한 짝

태양의 발바닥에 밟힌 홍염, 하얗게 뒤집힌 새떼
깜빡이는 신호등의 신음소리 쪼아 먹고 있어

지구의 아이러니가 자전축에 걸렸어

서클렌즈 끼고 깔따구 보았다는 말 에멜무지로 믿어줄게
짜내면 더 곪아지는 관계의 트러블

웃음으로 허파 꽈리 비트는 짓
마스카라 짙은 화장으로 편견을 커버하자

그날의 제스처 붉은 관형사로 꾸며질 거야

코발트색 잔점 무늬 입고 끈적한 총으로 위장했어,
도롱뇽 알은 밟지마 물의 피부에 스며든 초록 민낯의
춤사위

고두리살* 맞은 물총새처럼 살 끝 아린 채 살아야 한
다면
펄럭이는 끈에 혜갈 된 몸을 맡겨도 좋겠지

바닥으로 스미는 구름의 깔창
추모탑 뒤쪽은 아무에게도 보여주지 않았어

*작은 새를 잡는 데 쓰는 화살

그린아이

  담벼락을 넘어온 당신의 혀는
  오른쪽 눈이 먼 하바나 브라운 고양이를 닮았네요

  가시나무 뒤편으로 숨어 손등의 먼지 핥아요

  두 다리는 담쟁이 손에 붙어 나비의 입술이라 불러요
발톱을 넣었다 뺐다 모스 부호가 되는 거죠 지하실 동면을 하기 전,

  창백한 소문이 그믐의 혀 속으로 들어가요

  들어 올린 먼지는 바람의 입이라 했나요
  거울은 날카로운 포크에 찍혀 밤거리를 쓸고 있어요

  찡그린 생각을 먹어치우나 봐요 하바나 브라운 고양이 귀를 보세요 모서리를 잡고 일어서는 흐느낌, 부서지면 뒤편의 당신도 멈춰야 해요

  어떻게 잘라야 맛있는 꽃의 꼬리가 될까요

초록은 불안을 먹고 사라진 눈동자를 키워요 새벽 4시 59분, 돌아서는 것들은 거리의 어깨를 가졌나 봐요 비상구를 밀치고 하바나 브라운고양이를 찾아요

초록 눈동자 안으로 발들이 모여들어요

난 가끔 설마를 기다린다

 설마 했는데,
 설마가 0을 들여 설마를 키우고 있네.

 곳곳에 숨겨둔 설마들의 퍼즐게임. 반복을 먹고 사는 습성, A 설마를 숨기자 서해훼리호 사고가 나타났지. 설마의 파편이 배를 뒤집고 292명의 목숨을 삼켰어.

 남은 자의 설마는 아무것도 아닌, B의 설마가 되었네.

 설마, 설마, 설마의 등에 붙은 사람들, 반복된 혀의 설마를 또 숨기려다 C의 설마를 데려왔어. 피지 못한 꽃들의 뿌리,

 불안을 건져낼 때도 D 설마의 뿌연 물안개. 설마는 수평선 아래에서 설마 그렇게 말했네. 해가 아이들을 먹고 또 먹어도, 설마는 어른이 되었네.

 두껍고 두꺼운 설마, 부르는 사이, 설마는 물속에 잠겼네.

그래도 난 가끔 설마를 기다려 G, G, G, 진실한 당신의 설마를 기다려.

진실게임

젖가슴에 초점을 맞추라는 예언이 있었다

과녁 밖으로 나가지 못한 전갈,
좁혀져 오는 원 속에서 꼬리를 하늘로 치켜들고 독침을 꽂는다
자살과 타살의 글자가 어긋날 때 일몰과 몰락도 어긋난다

그녀와 전갈은 데칼코마니처럼 닮아있다

달빛 속으로 흘러든 독 무섭게 그녀를 삼킨다
화려한 머리카락은 더 이상 자라지 않을 것
혀로 물든 세계는 혀로 멸망하리라!

전갈의 정체성 의문으로 타오를 때, 독은 먹어야 하는 걸까 퍼뜨려야 하는 걸까

바람은 공중에서 술렁거리고 지워진 춤은 별로 돋아난다
운명은 붉은 젖가슴 물었던 예언자의 것일지도,

패배의 눈물은 작열하는 태양으로 돌아갈 것이다
오, 오, 오! 굴러가라 경전이여!

죽음이 목전까지 도달했지만 아무도 슬퍼하지 않을 것

전갈의 자살은 회자되고 클레오파트라 이름이 꼬리에 새겨졌지만,

아무도 그녀를 죽이지 않았다고 한다

너 사용 설명서

바다가 보이는 카페 나폴리아에 가서 연습하지 않을래
휘핑크림은 듬뿍, 에스프레소 콘파냐 한 잔 할까

각을 잡고 싶다면 눈을 살짝 내리는 습관,

오늘부터 버려진 모래알 입양하자 윗잇몸과 혀끝 굴려
단단한 부리 긁힌 것의 자음이 된다면

섬의 젖가슴, 모음은 엄마가 되는 거지

출렁이는 난파선 착각의 퍼즐에 빠질 일은 없을 거야
조각난 돌로 말맞추기 게임 중이었어

날카로운 파편들 가슴에 박혔어

그 쓸쓸한 소우주 이파리 숨은 말 너도 입양했잖아
업둥이를 업고 생모도 모른다며 한숨 쉬었지

비밀이야 귓속말, 음성 자막 변환기가 엿들었나 봐
너의 수평선 흔들려 말의 꼬리를 잘라 버렸지

그 아이 사용설명서 모른 척해 줄래, 차용증은 필요 없어

나와 닮은 다섯 손가락 보여줄게
공증이 필요하면 깃발 같은 혀의 양식은 무효가 될 테니

꿈틀거리는 염류에 녹아든 거짓말 자꾸만 번식하고 있어

 쉿! 말조심

퍼포먼스

  숨을 쉴 수가 없어

  클릭할수록 앱은 자라나 배경 화면 앞에 서지, 멈추는 순간 암전,
  촘촘한 빛 살아있어, 봄 플러그가 깨어나려 해
  ON / 스위치

  클릭, 클릭, 클릭

  조물주 낡은 엄마 닳아버린 관절도 클릭해줘
  파워 죽으면 마더보드는 부품일 뿐, 지구의 당신도 다크 체인지

  출구를 점령해 버린 사이보그 세상이야 플라스틱 꽃을 찾아봐
  벚꽃 피목으로 되살아난 세포들 웃고 있어
  사방으로 초록 피가 충전 중일 걸, 내장된 메모리 마구 흔들려도 지켜야 할걸

  아빠의 압축스프링도 엄마의 인공관절도 오빠의 시그

마별도
  멀티탭으로 타들어 갈 뿐, 거짓이라고 하지는 마

  진화한다고 믿었던 손가락은 소각될 뿐,
  스팸메일 아래 휴지통이 웃고 있을 뿐,

  시간의 태엽 한낮으로 돌려도 완전체는 없어
  선택의 순간 분쇄되는 꽃잎, 꽃잎, 꽃잎, 깜빡이는 퍼포먼스 마우스 끝에서 웃지

  소용돌이치는 파란 장기들 부서지는 밤의 블러그

  누르지 마, 봄 플러그

모스부호

끈이 풀린 운동화가 걸어왔겠죠

앞면이 지나가자 뒤축 편견 투덜거리며 매달려 와요
범물동 37번지, 구두 수선공 어깨 위에 더는 낡은 구두가 피어나지 않을 것

흐릿한 가로수 사이 걸쳐진 푯말 아래 떠나간 주인처럼
절뚝이는 애완견 그의 스킨 냄새를 찾고 있어요
쿵쿵거리는 흔적 눈꺼풀에서 사라져요

매일 같은 부호가 연착될 것

몇 년을 앓았을까요 접힌 멍들 싱크홀 속으로 빠져들면 몸의 근육 석회암처럼 굳어요 라디오엔 늘 백오십만 년 전 얼어붙은 슬픔이 들렸죠 사람들이 혀를 굴려요 수선집 앞, 부등호로 앉아있는 애완견 눈에 물음표가 쌓여가요

부재중 푯말 퍼즐의 끝이 되었어요 밑창에 안치된 그림자 깊어질수록 당신의 구두 굽은 닳아가요 출구를 찾

지 못한 이름 또 다른 계절을 물어다 주겠죠

  기다리는 건 저편의 그였을까요

  주인 잃은 애완견 날카로운 바람 속에 모스부호가 되고 있어요

손가락 게임

 하얀 필름처럼 펼쳐지는 낯선 풍광을 포토그램의 무덤이라 불렀다

 중심 잃은 거울의 세계 데칼코마니 입을 여는 아침
 기울어지지 않도록 균형을 맞춰주세요
 데이터 라벨링 따라 오른쪽, 왼쪽, 허공의 줄로 흩어지는 심장 없는 아바타

 삐딱하게 돌아선 반쪽의 열을 먹는다 깜박거리는 인형의 눈알들

 달린다, 귀에 물이 차오른 돌연변이 밤새도록 달을 타고
 AI 등에서 떨어진 혈액형은 유저들의 것

 각角의 도시에서 돌아온 저 모서리 뭇별은 보조연기자
 저녁 공연 오마주 안고 이빨 빠진 보도블록의 마름모 패러디 안 될까

 손가락 종착역 부풀이 오른다
 눈 뜬 시각 장애인, 이어폰 꽂은 청각 장애인, 영혼 털

린 스마트한 정신 장애인,
 로봇 타고 슈퍼울트라 장애인이 몰려든다

 너와 내가 견뎌야 할 무빙워크 속 풍요로운 변주

물의 답장

 시그마를 기다리던 오빠도 멸치잡이 아빠도 고등어 눈 빼며 저녁을 뜨던 엄마도 손을 흔들었어요 식탁이 턱 괴는 새벽의 순간에도 중심을 잡아야 했죠

 삼성 1호, 태안 앞바다 혹독한 착륙을 했어요 깊게 파인 블랙홀 사방에서 불어오는 바람의 은신처

 허베이 스피리트호가 울고 있어요 뚝, 뚝, 검은 피가 떨어지면 침몰이죠 어제 먹은 푸른 살은 잊어버려요 버려진 가시 검은 띠로 변하는 건 아주 잠깐이죠 생선을 찾아다니던 러시안블루 고양이가 말했어요

 이름을 잃은 검은 알들 깨어나 물속을 헤엄쳐요

 인간의 띠 태안의 기적, 여긴 몇 번째 세계입니까 얼룩바다뱀이 검은색 비늘을 벗고 파도와 악수를 하죠

 헤엄치지 못한 물고기 배를 뒤집어요 떨어진 적막 아이들의 귀가 잘려나가죠 그렇게 스며들어요 잊어버린다는 건 물방울이 맺힌다는 거

흔들리는 손바닥을 뒤집어 봐요 속삭이듯 다가오는
물의 답장

프리솔로

아찔했어, 마구 흔들렸어

0.1의 절벽 그 아래 헛디딘 허공, 아찔!

미국 요세미티 엘 카피탄 암벽 위에 매달린 뿔

오래 살아야 할 의무가 없다는 알렉스의 말,

바람의 혈 타고 숨의 계단을 오르지

중심을 잡는다는 건 꽃 피우는 것보다 가벼웠지만,

해발 2300m 거미의 촉수로 기어오르는 직벽

흐트러지면 끝이야, 소리치는 울음과 발가락의 혈투

엔듀로에선 최악의 오체투지 해의 피부를 벗겨야 해

손과 팔의 힘만으로 별까지 가야 해

크로스를 만나면 빵 모양 홀드 잡고 반대편으로 점프,

허공과 공허 사인, 미친 짓이야

까마득한 낭떠러지가 깔깔깔 웃고 있어

3시간 56분 거벽과의 사투

죽은 자들이 던진 질문 가볍게 날려버려

알렉스의 그 눈빛 반짝이는 별빛

엘 카피탄 암벽 정상 올라선 맨손의 거미 프리솔로

붉은점모시나비

 엄마는 주문을 외우며 배를 쓰다듬었죠
 괜찮다, 괜찮다 그래도 괜찮다고,

 물에 잠긴 달은 알까요
 까닭 없이 따끔거리는 이유를,

 열두시 초침의 눈에 가면 쓴 여자애가 보여요

 고장 난 엄마의 시계가 숨을 돌리면 까칠한 모래의 악보가 펼쳐져요
 sien의 슬픔이 바닥으로 쏟아져 유리구두의 그림자를 먹어치우죠

 겹겹의 생각이 스며들면 창백한 입술이 탈출을 시도해요
 쌓인 약 봉투가 고장 난 심장의 맥이 되어 줄 거라 애써 위로를 해요

 그런 날엔
 허기진 달의 복수가 차올라 선홍빛 꽃무릇 한 다발 안

고 며칠을 울었어요
　웅크린 자궁이 부어오르고 생리가 잦았거든요

　어린 무희의 춤이 바늘 끝에서 흩날리다가
　안단테 바람을 먹은 붉은점모시나비가 되는 거죠

　고열에 시달린 어깻죽지 너머 스무 살이 날개를 접었다 펴요
　몸부림은 단단해진 여자의 잎일 거예요
　뒤쪽의 상처는 젖은 나비의 옷을 말리고 사라져요

　교차된 그림자 낮 12시를 지나가면 가벼워진 빛이 반대 방향에서 걸어와요

새우깡에선 늙은 호박 냄새가 난다

아, 올해도 할머니가 오셨구나
샛노란 호박꽃 흐드러지면
가슴 한편 묻어 둔 흙담 위에서 웃고 계시는 할머니

어린 시절, 넝쿨째 굴러다니다가
새우깡을 좋아하는 할머니 위해
내川를 건너 구멍가게가 있는 건넛마을 뛰어가곤 했지
할머니의 호박전에 홀딱 반한 내가
그 달콤한 맛 혀끝에서 사라질 때까지,

몽글몽글 피어난 하얀 가슴 스무 살
집 떠나올 때 할머니가 주신 새우깡 봉지마다
노릇한 호박전 한가득이었지

"버스 안에서 출출해지면 먹으래이"
새우깡 빈 봉지를 하나씩 모으셨던 것

할머니는 몇 해 호박전 더 뒤집으시고
풀흰나비처럼 날아가셨네

호박 넝쿨 뻗어가는 저 누런 가을이 오면
습관적으로 새우깡 한 봉지를 사지
새우깡을 뜯으면 늙은 호박 냄새 묻어나고
하얗게 센, 쪽진 머리 할머니 덤으로 들어와 있네

라이카 모노크롬*

 희미한 흑백필름 팝콘 터지듯 날아오르면 모노크롬 세계가 거울 속 달린다

 나의 아날로그 할머니 열아홉 새색시 되던, 그 이듬해 달 표면으로 사라진 남편 잊어야 했다 핏덩이 빼앗기고 등 떠밀려 간 새 시집살이, 그 아기 젖몸살 독 되어 밤마다 그녀의 심장을 삼켰다

 거울의 반대편 가로막힌 모자母子의 생이별 애너그램을 연주하네

 핏덩이는 어느새 소년 되어 달리지 산마루 지나 달빛이 데려다 준 곳, 보고팠던 어미 곁엔 낯선 남자가 있었네 그 울타리 너무 높아 단숨에 뒷걸음질쳤네 옷깃에 걸린 나뭇가지 어미 손인 양 헛잡아, 골짜기 아래 데굴데굴 나뒹굴었네

 빛과 어둠은 그렇게 둘의 눈물 속에 뒤엉켰네

 거울 속 회오리바람 그 소년 청년이었다가, 허허 백발

노인이 되었네 세끼 밥보다 더 많은 눈물로 그 남자 휩쓸고 간 알콜, 손바닥 퍼즐엔 옹이 박혀 원망 가쁜 숨을 몰아쉬고 있었네

  한 덩이 슬픔 아주 먼 궤도를 돌아서면,

  아버지의 눈먼 바람 낡은 사진 속 그 엄마 찾아, 모노크롬의 시간을 깁고 있다

*흑백 촬영만을 지원하는 디지털 레인지 파인더 카메라

까꾸리*손

문짝 하나 없는 헛간 귀퉁이에 매달려
푸른 담쟁이 부름에 응답하던 손
묵묵히 따라와 검불도 곡식도 다 긁어모았지

150cm도 안 되는 키,
시퍼런 풀물 들고 굳은살 박인 까꾸리
사시사철 마음대로 부렸지만
게으름조차 모르던 손

빛바랜 그리움 안고 서 있는 고향 집에서
손가락 마디 몇 개 부러진 채로 웃고 있는 까꾸리
살살이 꽃 익어갈 무렵 탈곡기에 말려들어
으스러져 영영 제 구실 못하게 된 손

늙은 바람의 살점 하얗게 떨어지고
갈퀴 한쪽 망가져도 부챗살 주름진 불평이 없네

무엇 하나 잡을 수 없는
고물딱지 돼버린 기력 잃은 그 손
낟알 같은 희망 차곡차곡 긁어모았을,

세상 그 어떤 온기보다 따뜻한
아, 어머니의 손

* '갈퀴'의 경상도 방언

챕터는 여기서부터

당신의 허물어진 뇌를 넘기는 중입니다
클라이막스가 보이면 끝입니다
챕터는 여기서부터,

늑골을 판독해야 한다고요
오미크론 날뛰기 시작하면 퍼즐게임입니다
삐뚤어진 혈관을 다시 끼워요
널브러진 갈비뼈 사이로 들키고 싶지 않은 물관 귀를 내밀어요

늘어진 발톱 속에 박혀있는 활자가 춤을 춰요
비말이 고요한 박쥐의 눈물에 긁힙니다
호흡은 바람을 타고 365 챕터까지 여행 중

창백한 하늘에 기대어 별의 잠 쓰다듬었어요
음압병동 탈골의 시간이라 해두죠
딱딱함과 말랑함 사이, 코의 점막은 끈적이라 적어둘 게요

토막글이 절뚝거리며 19장에서 발열을 하죠

발밑에 비스듬히 누워 바람의 뺨을 핥아요

축축한 행간 플롯을 지나 불안을 낳았어요
손톱의 경계를 걱정하던 사람들 떠나고 있어요

아픕니까 당신, 새로운 챕터가 열려요

|해설|

버려진 것들의 은유
- 손은주 시집 『애인을 공짜로 버리는 법』

김 동 원
(시인, 문학평론가)

프롤로그

그녀의 언어는 파편화된 몸이다. 함축적이고 반어적이다. 그녀의 언어는 꼼지락거리는 발가락이다. 발랄함과 동시에 산문적 리듬과 묘사에 뛰어나다. 서정을 치고 나와 현대시로 접근하는 힘이 강하다. 환경 파괴와 인간성 상실의 어떤 지점은 모던modern하다. 때론 그녀의 시는 자의식의 음화陰畫이다. 풍부한 몽상적 이미지와 심리의 비밀한 사유 전개는 내러티브하다. 하여, 그녀의 언어는 이 시대 '버려진 것들의 은유'로 읽힌다. 암 투병을 관통한 고통의 절규, 혹은 견딤의 시학으로 승화된다. 죽음의 공포와 갑자기 솟구친 무의식의 통곡이 들린다. 삶의 애착은 눈물의 모니터이자, 달빛의 서성거림이다. 그녀의 시가 어두운 것은, 캄캄한 내면에 고인 우물이 깊기 때문이다.

한편, 그녀의 시는 힘없는 것들의 비유이다. 삶의 행간 사이에서 길을 놓친 불안한 것들의 그림자가 일렁거린다. 금이 간 풍경의 직유이자, 빗금 친 배경의 이미지다. 곳곳에 억눌린 약자의 절규가 들린다. 이런 트라우마는 그녀 시의 중요한 기제로 작동한다. 사물에 대한 지독한 연민과 아픔은 그녀의 강점이자 약점이다. 하여, 시편 여기저기 "거꾸로 매달린 중력을 견"(「약속」)딘 발버둥 친 흔적이 보인다. 느닷없이 치고 나온 언어 실험의 돌발성은, 그녀 시가 개인적 상황과 사회성이 엇물려 포스터모던post modern으로 진화하고 있다는 증거다.

언제나 비극은 현실의 비틀린 욕망을 비춘다. 그녀의 시를 읽다 보면, 부조리에 대한 강렬한 저항과 반동이 느껴진다. 술 취한 남자의 폭력을 견딘 모녀의 슬픈 울음은, 핏물이 배여 있다. 적막한 먼지의 시간으로 읽히기도 하고, 굴절된 절규로 분출되기도 한다. 하여, 그녀의 아픈 통증은 상처와 흉터로 새겨져 있다. 발화는 도발적이자 주체는 타자적이다. 실패를 딛고 일어선 자者에 대한 감정이입은 애틋하다. 언어가 실존과 결합해 충격과 여운을 준다. 그녀의 시는 궁극적으로 은폐된 것들의 몸을 빌려 무의식을 까발린다. 고발이나 풍자가 아니라, 어쩌면 용서한 자의 연민에 가깝다. 하여, 모호와 난해 사이에서 그녀의 시적 본질이 숨겨진 까닭은 그런 연유이다.

이번 손은주의 시집 『애인을 공짜로 버리는 법』은 낯

선 서정의 돋을새김이자, 대담한 구성과 실험적 이미지는 신선하다. 사회에 대한 예민한 촉수와 사물에 투영된 알레고리는, 그녀 시의 또 다른 매력이다. 나아가 행간의 긴장과 갈등, 부재와 비의적 감각의 중첩은, 시집에 입체성을 부여한다. 이런 현실과 비현실의 경계는 그녀 시적 주제의 가벼움을 벗어나게 한다. '일상과 세계를 관성적으로 받아들이지 않겠다'는 시인의 자기 검열이자, 시작詩作의 치열성에 기반한다. 때론 그녀의 화법은 이국적이다. 중얼거리는 말 부림과 매력적인 어투는 동화적이다. 하여 「산토리니 씨 위스키 한 잔 할까요?」는, 그녀의 독특한 시적 뉘앙스를 풍긴다. 푸른 바다 에게해의 아름다운 섬 '산토리니'를 주제로 한 이 시는, 손은주의 밝은 취향을 엿볼 수 있다.

꿈

꿈은 현실을 바탕으로 심하게 변형 굴절된다. 수많은 이미지로 재구성되며, 감추거나 드러나게 한다. 시로 산다는 것은, 어떤 것에도 매이지 않고, 오로지 나를 찾는 과정이다. 삶은 오늘 이 순간 여기뿐이다. 어제는 무덤이다. 내일은 영원히 오지 않는다. 하여, 손은주는 취한 듯한 몽환적 화법으로 독자를 매료 시킨다. 누구나 한 번쯤은 꿈꾼다는 아름다운 섬 '산토리니'를 통해, 그녀의 유토피아를 그린다. 그리고 '아모르 파티amoor fati / 너의 운명을 사랑하라'를 외친다.

우선,「산토리니 씨 위스키 한 잔 할까요?」는, 우리를 아득히 먼 그리스로 데려간다. 기원전 15세기 화산 폭발 당시 모습 그대로 발굴된 산토리니는, 지중해의 보물섬이다. 새 둥지처럼 절벽 위에 세워진 '이아 마을'과 '피라 마을'은, 흰색과 코발트블루의 대비색으로 둘러싸인 동화 같다. 집과 집 사이 미로 같은 골목, 끝없이 펼쳐진 지중해의 수평선, 아슬아슬한 붉은 암벽 위의 카페와 식당은 한 폭의 그림이다. 그곳의 늙은 악사가 연주하는 이국적인 아코디언 소리, 푸른 바다 물속에 무작정 뛰어든 연인들의 비명은 천국 같다. 특히, 산토리니의 위스키와 와인을 마시며, 절벽 성곽에서 바라보는 지중해의 일몰은 황홀하다.

초승달처럼 생긴 '산토리니섬'을 손은주는, "산토리니 씨"로 다정히 부른다. 이런 섬의 의인화는, 참으로 파토스pathos를 불러온다.

부겐빌레아 꽃 지는 날,
정열은 죽었어요 그리스 에게해의 작은 섬에 갇혔죠

산토리니 씨 위스키 한 잔 할까요?

나의 사랑은 어디로 갔을까요
당신의 장례식장에선 울지 마세요

쪽빛 노을은 파도에서부터 시작되는 걸음마

하얀 수평선이 찰랑거려요
다시 돌아올 거란 말, 거짓말
위스키잔에 살짝 기댄 바람이 말해주더군요

사랑은 사탕이라 불러도 괜찮아요
이응을 빼면 사라가 되겠죠?
그렇다니까요 내 이름이잖아요

상큼한 오렌지 터트리며 우리 만나기로 해요

산토리니 씨 이아마을 색의 향연 보이나요,
지중해 물결은 영원히 죽지 않아요
나지막이 속삭이는 춤선

그러니까
내 안에 이별을 가둔 건 명백한 유기
이제 흩뿌려진 그 섬을 돌려드릴게요

아름다운 해변 선술집에서 만나요
산토리니 씨는 오늘부터 나와 사랑에 빠질 걸요
                  -「산토리니 씨 위스키 한 잔 할까요?」전문

"부겐빌레아 꽃"속의 진짜 꽃은 작아 눈에 띄지 않듯,

"그리스 에게해의 작은 섬" "산토리니 씨"의 존재도 미미하다. 존재하는 것은 이름을 불러 줄 때 홀연히 제 모습을 드러낸다. 세계의 모든 존재는 말이다. 명사 '산토리니 씨'야말로 '섬'이란 언어의 깊이에 인간성을 투영한다. 그리고 그 섬에 신성한 마력을 부여한다. '섬'은 수평의 시간과 수직의 지층을 드러내며 웃는다. 수천 년 단절된 바다와 육지와의 내밀한 말을 거짓말처럼 복원한다. 손은주는 시를 통해 마법처럼 '섬'을 부린다. "산토리니 씨 위스키 한 잔 할까요?" 이 제목은 신기하게도 공감각적이다. 왜 이제야 "나의 사랑"으로 온 거죠라고 되묻는 것처럼 여겨진다. 화산 폭발로 묻혔던 "당신의 장례식장"을 빨리 잊어버리라고 위로한다. "쪽빛 노을"이 지중해에서 "걸음마"를 배웠듯, '산토리니 씨'의 인생도 이제는 아름다울 거라고 속삭인다.

"하얀 수평선"이 그렇듯, 물론 "다시 돌아올 거란" 사랑의 약속은 "거짓말"이다. "사랑"을 "사탕"으로, 사탕을 "사라"로 유희한 말 부림은 절묘하다. 사라의 여성성이야말로 '산토리니 씨'의 남성성과 함께 멋진 대구(對句)가 된다. 그 두 이름은 "영원히 죽지 않"는 "이아 마을"의 흰색과 코발트블루로 찬란히 부활한다. "상큼한 오렌지"를 "터트리며" 손은주의 시 속에서 '산토리니 씨'는 극적으로 살아난다. 하여, 손은주의 사랑법은 "이별"의 또 다른 형식이다. 물론 그 출발점은 '산토리니 섬'과 영원히 '상상'속에서 소리 은유로 여행 한다. 「산토리니 씨 위스키 한 잔 할까요?」를 읽는 또 하나의 방법은 종결형의 '~죠, ~요'의 반복적 리듬에서 오는 매력이다. 이런 화법의 반복은 그녀 시의 행간과 연 사이 압축과 비약을 푸는 중요한 열쇠이다.

누설

 어떤 서정시는 기억을 지우는 작업이다. 언어를 통해 과거의 흔적을, 현실의 고통을 뭉갠다. 길을 통해 길의 안과 밖을 지우고, 물을 통해 불을 지우고, 화자를 통해 주체를 지우고, 궁극으로 서정시는 바람을 지운다. 어떤 서정시는 매순간 표정을 지운다. 고향의 상징과 삶의 구체적 장소와 오감의 느낌을 지운다. 몸의 실존을 관통한 '나'를 지우고, 너의 폭력을 지우고, 혼돈과 무형의 형상을 지운다. 시는 언어를 빌어 몸이 된다. 말을 통해 통곡을 지우고, 끝내 자신을 지우는 지경에 이르러 시가 된다. 하여, 서정시는 허상을 벗고 실재를 추구한다. 시간 속에 형形과 상象을 공간의 형식으로 뚫는다. 때로는 형이상학을, 때로는 형이하학을 지운다.

 이번 손은주의 시집 『애인을 공짜로 버리는 법』의 중요한 시적 테제는 '무의식'의 누설이다. 절박한 울음과 존재의 고독이 상존한다. 빨간불과 파란불 사이, 벼랑과 절벽 사이, 깜박거리는 구조 신호가 보인다. 이런 시적 방법은 분노의 방식으로 상처를 뚫고 표면에 나타난다.

엄마는 주문을 외우며 배를 쓰다듬었죠 괜찮다, 괜찮다 그래도 괜찮다고,
물에 잠긴 달은 알까요 까닭 없이 따끔거리는 이유를,

열두시 초침의 눈에 가면 쓴 여자애가 보여요
고장 난 엄마의 시계가 숨을 돌리면 까칠한 모래의 악보가 펼쳐져요
sien의 슬픔이 바닥으로 쏟아져 유리구두의 그림자를 먹어치우죠

겹겹의 생각이 스며들면 창백한 입술이 탈출을 시도해요
쌓인 약 봉투가 고장 난 심장의 맥이 되어 줄 거라 애써 위로를 해요

그런 날엔
허기진 달의 복수가 차올라 선홍빛 꽃무릇 한 다발 안고 며칠을 울었어요
웅크린 자궁이 부어오르고 생리가 잦았거든요

어린 무희의 춤이 바늘 끝에서 흩날리다가
안단테 바람을 먹은 붉은점모시나비가 되는 거죠

고열에 시달린 어깻죽지 너머 스무 살이 날개를 접었다 펴요
몸부림은 단단해진 여자의 잎일 거예요 뒤쪽의 상처는 젖은 나비의 옷을 말리고 사라져요

131

  교차된 그림자 낮 12시를 지나가면 가벼워진 빛이 반대
방향에서 걸어와요
-「붉은점모시나비」 전문

 손은주의 《시와사람》 당선작 「붉은점모시나비」를 다 읽은 순간, 나도 모르게 울컥했다. 이 시의 행간 속에 숨겨져 있는 "고장 난 엄마의 시계"가 무슨 의미인지, 어렴풋이 떠올랐기 때문이다. 무의식에 숨겨진 주체의 분열 이미지였다. '붉은점모시나비'로 은유된, 세상의 폭력에 노출된 여자가 겹쳐 보였다. "물에 잠긴 달은"상처 입은 엄마가 안쓰러워 숨겨주고 싶은 "가면 쓴 여자애"와 연결된다. 엄마는 그 순간에도 어린 딸에게 "괜찮다, 괜찮다"고 위로한다. 딸의 이런 "슬픈" 트라우마는 내면 깊숙이 잠재해 "유리구두의 그림자를 먹어치"운다. 타살된 주체가 언어를 통해 무의식으로 드러난다. "주체를 검토하게 되면, 시적 언술의 표면(시의 의식)과 이면(시의 무의식)을 두루 검토할 수 있"다. "자아는 주체의 거울 이미지에 불과하다."(권혁웅, 「시론詩論」 문학동네, 2010, p37쪽) "겹겹의 생각"은 "창백한 입술"이 되어, 세상 밖을 향해 도와달라고 외치지만 방백(거울 이미지)에 불과하다. 하여, 「붉은점모시나비」의 주체는 "허기진 달의 복수가 차올라 선홍빛"생리를 "자궁"밖으로 쏟지만, 아무도 도와주지 못한다. 스물이 되었어야, "뒤쪽의 상처는 젖은 나비의 옷을 말리고 사라"진다. 나는

손은주 시인이 당선 소감에서 "이런 좋은 날 왜 이리 눈물이 나죠?"라고 말했는지, 그때서야 비로소 '그 무의식의 비밀'을 알아챘다.

거울아 거울아 이 세상에서 누가 제일 예쁘니

거울 이미지는 현대 시에서 끊임없이 변주된다. 시 「거울아 거울아 이 세상에서 누가 제일 예쁘니」는, 손은주의 내면을 엿볼 수 있는 비밀의 창窓이다. 시는 안과 밖의 풍경과 사건을 이미지로 교직한다. 하여, 시인은 아바타를 만들어, 그 모니터를 통해 나르시시즘을 거울에 비춘다. 그 공간 속에서 밤낮 몽상에 취해 묻고 답한다. 언어에 살을 부비고, 죽였다 살렸다 온갖 기교와 전략을 짠다. 이 고독한 창작의 길은 오로지 자신만이 감당해야 할 몫이다. 하여, 끊임없이 화자나 주체를 통해 지옥과 천국을 반복한다. 이 시는 《백설 공주》를 패러디한 작품이다. 거울을 통해 화자는 원작에 새로운 변형을 가해, 의도하고자 하는 '그 무엇'을 행간에 심는다. 패러디의 역할은 부정에 있는 것이 아니라 재창조에 있다. 계모야말로 인간 본성을 '거울'에 가장 잘 투영한 인물이다.

안과 밖이 같다고 말해버린 건 실수야

같아 보인다는 거 그게 바로 너의 매력이지

    90°보다는 크고 180°보다 작은 둔각으로 살고 싶어

    빗나간 도형은 일곱 난쟁이의 곡괭이야

    각도를 재어 보자 등에 콕콕 박힌 피지는

    클렌징으로 말끔히 지워 새까만 머리

    하얀 얼굴로 피어난 백설 살짝 입꼬리 올려 봐

    마녀의 달콤한 사과 뻔한 이야기는 사양할게

    어디서부터 중심을 잡아야 하는지 헷갈리지

    좌우 비대칭 콤플렉스 그게 포인트야

    문이 열리면 주문을 걸어 거울 속

    양치기 소년 불러 줄래 마지막 남은 거짓말

    거울아 거울아, 이 세상에서 제일 예쁜 사람은 나지!

      -「거울아 거울아 이 세상에서 누가 제일 예쁘니」 전문

  시,「거울아 거울아 이 세상에서 누가 제일 예쁘니」의 매력은 계모 왕비를 통해, 개인과 개인 간의 배신과 음모, 의식과 무의식 간의 갈등을 예리하게 파고든다. 이것은 가면의 형태로 숨어 있다가 '나'를 통해 부조리를 까발린다. 관계 속에서 "안과 밖이 같다고 말해버린 건 실수"다. 그건 단지 "같아 보인다는" 것일 뿐 똑같진 않다. 나와 너, 우리와 그들은 결국 차이와 다름, 사이에

존재한다. 아무리 "90°보다는 크고 180°보다 작은 둔각으로 살고 싶어"도, '거울'의 시점에선 반反한다. 인간 의식의 모든 행동, 사고, 감정은 결국 무의식(거울 이미지)의 지배를 받는다. "등에 콕콕 박힌 피지"를 "클렌징으로 말끔히 지워"도, 무의식은 불안을 충동하여 불쑥 표면에 드러난다. "마녀의 달콤한"말도 "뻔한" 수작일 뿐, 진정으로 나를 꺼내진 못한다. 내가 나를 찾을 수 있는 방법은 밤마다 "주문을 걸어"야 한다. "거울아 거울아, 이 세상에서 제일 예쁜 사람은 나지!" 그렇다. 방어기제는 다른 사물과 동일시하는 현상으로 승화된다. 궁극적으로 이 시는 손은주가 당한 배신과 불안을 '거울'을 통해 '긍정'의 방식으로 변환한 시다.

코피노 kopino

70년대 김명인의 시집 『동두천』(1979, 문학과 지성사) 은 탈식민지주의 관점에서 혼혈의 문제를 정면으로 다루었다. 특히, 시 「베트남 1」은 제국주의에 짓밟힌 베트남 여성 '로이'를 통해, 전쟁 중의 남성 성폭력을 폭로하였다. 채 30년이 지나지 않아 손은주는 「급하게 망고를 먹었나요」에서, 코피노kopino의 문제를 또다시 한국 사회에 질문을 던진다. 코피노는 한국인Koren과 필리핀인Filipino의 혼혈을 뜻하는 합성어다. 필리핀 내에서 사회 문제로 대두된 시점은 90년대 중반 IMF 직전부터다. 현지법인 남성들의 필리핀 현지처 문제, 해외여행, 어학

연수를 빌미로 한국 남성의 윤리의식의 부재는, 수만 명의 코피노를 낳았다. 자식의 양육비를 보내지 않거나, 임신 중 잠적한 남자가 대부분이다. 2016년 '코피노 아빠 찾기' 캠페인은 한국 사회에 큰 충격을 주었다. 현재까지 이혼 및 상속 문제로 부작용이 속출하고 있다.

    Da Capo al Fine
    숨 가쁜 되돌이표 출렁이는 음의 높이

    재스민 향기 가득한 바다 잎사귀 돋아나요
    꽃자루의 아픔이 묻어나는 시간

    물의 악보를 펼쳐요 손끝에 피어난 섬
    얇은 유전자 띠를 맞추면 얼룩무늬 지느러미 퇴화 할까요

    망고나무 속 쌍꺼풀 없는 눈동자가 숨어 있어요
    바람의 수액이 나무를 오르면 코피노 아이가 자라나요

    열두 색 크레용으로 그려놓은
    알로야의 슬픈 전설 보홀섬 초콜릿 힐 이야기는 열매가 되죠

    바다를 건너간 아빠는 치노팬츠를 입고
    망고나무에 파고드는 엄마를, 알로야를 버려두었어요

    애써 물의 수압 끌어 올리지 말아요

두 손 적신 즙액에서 비밀스런 당신 지문 살아나요

노란 즙 당신에게로 스며들면
Da Capo al Fine, Da Capo al Fine
돌아올 거란 거짓말을 반복해요

코피노 아이들 언덕을 오르고 있어요
바람을 움켜쥔 실루엣 옆 떨어진 망고 씨

급하게 먹지 마세요
망고는 저절로 익어가죠
　　　　　　　　　　-「급하게 망고를 먹었나요」 전문

 누가 '급하게 망고를 먹었'을까요?. 누가 저 어린 코피노 아이들을 버렸을까요? "Da Capo al Fine" 처음부터 끝까지, 자식을 버린 아빠에게 그 슬픈 음악을 들려주세요. 종일 "바다"를 쳐다보며 '아빠'가 오기만을 기다리는, 그 아이의 "아픔"의 "시간"을 보여주세요. "섬"은 외로운 아이들을 위로하는 음악. 거리에서 땅콩을 팔고, 이웃에게 차별을 받고, 이름도 성도 모르는 아빠를 기다리며, 아이들은 "얼룩무늬 지느러미"로 "퇴화"하는 한 마리 물고기가 되죠. 그 버려진 딸 "알로야"는 "바람의 수액"을 먹고 자란 "망고나무"가 대신 키우죠. "바다를 건너간 아빠"는 왜 안 오는 거죠? "노란 즙 당신에게로 스며들" 때까지, 알로야는 "Da Capo al Fine, Da

Capo al Fine"노래를 부를 거예요. 아빠의 약속이 결코 "거짓말"이라고 하더라도, 소녀 알로야는 울지 않을 거예요. "코피노 아이들"은 날마다 "언덕" 위에서, '아빠'가 사는 태평양 바다 건너 그 한국을 떠올리겠죠. 바람이 지워버린 아빠의 얼굴을 그려보겠죠. 근데, 아빠? 누가 "급하게 망고를 먹었나요." 손은주가 던진 이 한마디 절규는 폐부를 찌른다.

공갈 젖꼭지

이번 손은주의 시집 『애인을 공짜로 버리는 법』에서 주목할 지점은, 그녀의 시관詩觀이다. 그녀의 시는 모던과 포스터모던 사이의 틈입이다. 근대 서정의 얼굴과 현대의 낯섬을 동시에 지녔다. 동일성을 추구한 시가 있는가 하면, 행간과 행간이 전위에 가까운 작품도 있다. 이런 감성과 관계의 시학은 손은주의 시적 방향을 가늠해 볼 수 있는 중요한 잣대다. 낯선 어법, 놀라운 비약과 긴장, 기존 문법의 파괴는 미래파에 기대있다. 언어에 절대 자유와 새로운 상상력은 분명 그녀의 강점이나, 자칫, 무의식의 흐름, 언어의 불통, 몽환과 환상은 부정적 인식을 줄 수 있다. 그런 측면에서 「공갈 젖꼭지」는 손은주 시작법의 비밀이 숨어 있다.

기억해봐 잊은 건 아니겠지

촉촉한 첫눈 속으로 숨어버린 푸른 문장을 비추어 줄래

뜯기고 씹혀도 오그라들고 있을 뿐, 가짜라 불려도 좋았어

이빨을 드러낸 순간에도 침 삼키며 모퉁이를 지켰지

깨물린 상처쯤이야 얼굴이 사라져가도 감당할 수 있는 아픔

너의 달콤한 입맞춤 볼은 뜨겁고 숨이 차올랐지

칸칸마다 쉽게 버려진다는 거, 믿기 힘들더라

꽃과 흰 눈 사이, 접히고서야 연둣빛 살점 하나둘 뜯겨져

아무도 쳐다보지 않는 그림자인 걸 알았지

정말 환각처럼 구석에 엎드려 밤새 젖은 노래 불렀어

눈물 꽁꽁 싸매 꿈속에서만이라도 재회하고 싶었지

가짜라 불려도 꼭 살아남겠다고 다짐했는데,

돌아보니 재빨리 벗겨지는 벚꽃 한 잎, 두 잎, 세 잎

시詩이라는 그거, 공갈 젖꼭지

-「공갈 젖꼭지」전문

  시란 '파괴와 낯섦'의 전복顚覆일까, 절제와 균형의 미학일까. 기존 틀에 갇히면 신선함이 적고, 새로움만 추구하다 보면 기괴해진다. 하여, 손은주는 자신만의 꼭짓점을 발견한 듯하다. 「공갈 젖꼭지」는 이미 제목부터 현대적이다. 시작詩作의 고통을 '공갈 젖꼭지'로 반어법으

로 치받은 것은 절묘하다. 「공갈 젖꼭지」는 결국 언어의 실험성에 무게를 두고, 시의 구조 형성을 미시적 시각으로 치고 들어간다. '감각'과 '사유의 깊이'를 동시에 접목하고 있다. 모든 시인이 "촉촉한 첫눈 속으로 숨어버린 푸른 문장을" 발견할 수 있는 시안詩眼을 가진 것은 아니다. 밤새워 "뜯기고 씹"는 언어의 조탁은, 시인의 피를 마르게 한다. 아무리 시어에 "달콤한 입맞춤"을 하여도, 다음날 "칸칸마다 쉽게 버려진다는" 것은, 차마 "믿기 힘들"다. 하여, 손은주는 결국 시란? "아무도 쳐다보지 않는 그림자인 걸" 눈치채게 된다. 그렇다. 시는 철저하게 미완성이다. "환각"에 씌어 "구석에 엎드려 밤새 젖은 노래"를 불러도 시는 대답하지 않는다. 그녀는 "가짜라"도 좋으니 「공갈 젖꼭지」를 빨며, 제발 명시 한 편을 달라고 매달린다. 그 순수한 손은주의 절박함만이, 시의 '불가능'을 '가능성'의 품으로 껴안을 수 있음을 역설로 보여준다.

에필로그

지금까지 앞에서 살펴본 손은주의 작품 세계는 경계의 시학으로 정의된다. 만질 수 있는 것과 만질 수 없는 것, 보이는 것과 안 보이는 것, 사이의 대립면을 다룬다. 그것은 표면과 이면의 시학이자, 의식과 무의식의 세계이다. 언어를 밀어내는 방식과 사유를 당기는 방식의 묘한 갈등과 조화의 지점이다. 이런 아이러니의 시법은 패러독스와 연결되어 있다. 종결형 어미의 동화적 화법은 몽환적이다. 그녀는 언어의 비약을 통해 의미의 촉감에 닿고, 긴장과 압축을 통해 신선한 감성을 비벼댄다. 때로는 반어적 화법의 시로, 때로는 시대의 부조리를 질타하는 사회성 짙은 시를 들고나온다. 환경 파괴와 인간성 상실, 몽상과 리얼리티를 뒤섞어 놓는다.

　이번 손은주의 시집 『애인을 공짜로 버리는 법』의 놀라운 점은, 실로 다양한 시적 주제의 탐색에 있다. 표제시 「애인을 공짜로 버리는 법」은 진술 대신 묘사적 은유가 돋보인다. 현대인의 가벼운 사랑법을 다룬 이 시의 백미는 "아무도 모르게 흩날리는 당신을, 책갈피로 덮을까요, 꽂아둘까요"이 한 구절에 집약된다. 시 「비인칭 주어」는 부조리한 우리 사회의 음영陰影을 깊이 찔렀다. 생존경쟁의 냉혹한 질서는 젊은이들을 절벽으로 내몬지 오래다. 낙타가 바늘구멍을 통과하는 것보다 더 좁은 취업 문은 "벗길수록 피로 물든", "쿠마토"에 비유된다. 이 시는 흙수저로 태어나 "비인칭 주어"로 살아갈 수밖에 없는 자본주의의 모순을 집었다. 환경 다큐를 보고 쓴 「악성코드」는 인간의 어리석음을 역설로 물은 특이한 시다. 태평양 섬에 사는 "코에 빨대가 박힌 바다거북"의 참혹한 광경은, 수많은 시청자에게 환경 생태 파괴의 심각성을 각인시켰다. 이 밖에도 그녀의 시적 관심사는 매 시편마다 색다른 풍경을 낳는다. 세탁기를 「신부」에 비유한 이 시는 참으로 아기자기한 이야기 시다.

신혼초 '신부와 신랑'의 관계를 세탁기의 작용과 반작용에 은유한 시법은 독창적 서정시의 실례가 된다.

물론 그녀가 산문적 율조의 묘사적 이미지에만 탁월한 것이 아니라, 운문적 리듬에도 상당한 내공을 갖춘 시인이란 점이다.

동백꽃이 흔들려

춤을 춘 건지

흔들린 내가
붉은 당신 안은 것인지

-「풍경風磬」전문

「풍경風磬」은, 공空의 세계와 색色의 세계를 넘나드는 수작이다. 흔들린 "동백꽃"은 "춤"에 번지고, "흔들린" 나는 "붉은 당신"에게 번진다는 시경詩境은 기막힌 형상화이다. 마치 '내 속에 네가 있고, 너 속에 내가 있다'는 그 장엄한 화엄 세계에 닿아있다. 시는 장소의 소리이자 시간의 무늬다. 언어는 언어 이전의 세계와 언어 이후의 세계를 포괄한다. 언어는 움직이는 몸이다. 세계의 욕망을 반추하는 거울이다. 손은주는 그 욕망의 끝에서 우리의 상처를 돌아보고, 어떻게 시인이 이 세계를 인식해야 하는지를 질문한다. 그녀의 말은 유사성의 언어이자, 이미지의 모호성이다. 근대 서정의 평이한 시적 소재에서부터 현대 포스터모던의 개별적 주체까지, 언어를 확장한다. 물론 아직까진 언어의 해체나 초현실적 소재주의를 온전히 흡수한 것은 아니지만, 기성 시단의 눈치를 살피지 않는 그 독자성은 인정된다. 어쩌면 손은주는 미래시와 서정의 아름다운 무늬에서, 자신도 놀랄 전혀 다른 21세기형의 시편들을 쏟아낼지도 모른다. 왜냐하면, 그녀가 언어를 부리는 기술은 한창 물이 올랐기 때문이다. 시는 미래에 대한 무한한 가능성이 열려있어 저마다 뛰어든다. 행간에서 일어나는 찰나의 순간을, 어떻게 바람의 언어로 스미게 할지는, 손은주가 고민해야할 지점이다. 사물의 말을 인간의 말로 독해하는 그 자리 역시, 그녀의 몫이다. 모든 시인에게 시작詩作은 고해苦海다. 췌사는 시의 주적이다. 이미지의 범람은 시의 정신을 헤친다. 적확한 시어 사용은 끈질긴 시 공부밖엔 도리가 없다. 명작을 만나려면, 손은주는 초심으로 돌아가야 한다. 그녀가 고향 집 우물 속에서 달빛 두레박의 은유를 찾아내었듯, 그 수줍은 처녀 때의 모국어의 감성을 회복해야 한다. 하여 손은주의 이번 시집은 직유처럼 엇각이 아니라, 바람의 은유로 돌을 새김한, 새로운 시의 진격으로 규정할 수 있다.